SOUVENIRS

DE

VILLERS-BRETONNEUX

4 JUILLET 1871

Prix : 20 centimes.

Se vend au profit de la Souscription ouverte
pour l'érection d'un Monument funéraire
à Villers-Bretonneux

AMIENS, IMPRIMERIE YVERT,
rue des Trois-Cailloux, 64.

1871

SOUVENIRS DE VILLERS-BRETONNEUX

Le récit annoncé de la bataille livrée le 27 novembre 1870, sur le territoire de Villers-Bretonneux, n'offrirait plus qu'un intérêt secondaire, depuis que le général Faidherbe a publié une brochure sur la campagne de l'armée du Nord.

Nous nous bornerons donc à reproduire :

1° Le récit de la cérémonie funèbre du 4 juillet emprunté à la Semaine religieuse du diocèse d'Amiens : le *Dimanche*.

2° Le discours prononcé à l'issue de la messe par M. l'abbé Potier et recueilli par M. Amédée Waquet, précédemment sténographe au Sénat.

3° L'allocution de M. le curé de Villers-Bretonneux à Monseigneur l'Évêque d'Amiens.

Quant aux éloquentes paroles que M. Dauphin, préfet de la Somme, a fait entendre au cimetière, elles n'ont malheureusement pas été sténographiées ; mais on les retrouvera en substance dans le compte-rendu de M. l'abbé Corblet.

CÉRÉMONIE DE VILLERS-BRETONNEUX

Le mardi 4 juillet, une touchante cérémonie funèbre a eu lieu à Villers-Bretonneux, pour les victimes de la bataille livrée, le 29 novembre dernier, sur le territoire de cette commune. L'administration du chemin de fer du Nord avait bien voulu, en délivrant des billets à prix réduit, faciliter ce patriotique pélerinage. On évalue à environ dix mille le nombre des étrangers qui se sont rendus à cette solennité, de tous les points des départements de la Somme, du Pas-de-Calais et du Nord. Cette immense foule, on le comprend, n'a pu trouver accès dans l'enceinte pourtant si vaste de l'église : mais les paroissiens l'ont pour ainsi dire agrandie par leur abnégation personnelle, en cédant leurs places aux étrangers.

L'église avait été décorée par les soins de M. Demarcy, sous l'intelligente direction de M. Delplanque, avec autant de luxe que de goût. Le catafalque, dont la forme ogivale s'harmonisait avec le style du monument, n'empêchait point la vue de pénétrer dans le sanctuaire. Des inscriptions rappelaient les noms des régiments qui ont pris une part glorieuse à la bataille du 27 novembre : 2ᵉ régiment d'infanterie de marine, 43ᵉ, 65ᵉ et 75ᵉ de ligne, 2ᵉ chasseurs, 12ᵉ et 15ᵉ d'artillerie, compagnie du génie, 7ᵉ, 8ᵉ et 9ᵉ bataillons du 48ᵉ régiment de marche des mobiles du Nord. Parmi les inscriptions empruntées aux Livres Saints, nous avons remarqué les suivantes, si bien appropriées à la circonstance :

Leurs corps ont été ensevelis en paix et leurs noms vivront éternellement. (Matthieu, 2)

Ils ont sacrifié leur vie pour ne pas être asservis. (Daniel, 3)

Mieux vaut pour nous mourir en combattant, que de voir les maux qui pèsent sur notre patrie. (Marc, 3)

A Dieu ne plaise que nous prenions la fuite devant l'ennemi ! Mourons bravement pour nos frères et ne souillons pas notre gloire. (Macchabées, 9)

Est-ce que celui qui tombe ne se relèvera pas un jour ? (Jérémie, 8)

La grand'messe a été chantée par M. Prouvost, curé-doyen de N. D. de Valenciennes, en présence de Mgr l'évêque d'Amiens, qu'assistaient M. Morel, vicaire général, et M. Boucher, curé de la Cathédrale. Les fonctions de sous-diacre étaient remplies par un ancien aumônier de l'armée, M. Poiré, curé d'Herleville. On remarquait dans l'assistance M. le préfet de la Somme, les conseillers de préfecture, M. l'avocat général, le commandant de gendarmerie, M. de Thaunberg, aide-de-camp du général Paulze d'Ivoy, M. le juge-de-paix de Corbie, de nombreux ecclésiastiques des diocèses d'Amiens, d'Arras et de Cambrai; des officiers et des soldats de l'armée du Nord, dont quelques-uns, blessés ou mutilés, ont vu la mort de si près dans les plaines de Villers ; enfin, de nombreuses familles des mobiles du Nord (citons celle de M. de Brigode), dont les enfants gisent aujourd'hui dans la grande allée du cimetière.

A l'issue de la messe, M. Potier, chanoine honoraire, curé de Saint-Etienne de Beauvais, est monté en chaire. Son discours, conçu en dehors des formes ordinaires de l'oraison funèbre, est de ceux qu'on n'analyse point. Il serait difficile, en effet, de rendre exactement le caractère de cette parole toujours facile, souvent poétique, tantôt familièrement incisive, tantôt puissamment émue. Nous avons surtout été impressionné par les aperçus sur l'immortalité de l'âme, sur l'héroïsme de la conscience, sur le sentiment de la patrie, sur les félons de l'honneur, et sur les doctrines matérialistes qui ont failli précipiter la France dans l'abîme.

On s'est ensuite rendu processionnellement au cimetière, où Monseigneur a fait l'absoute autour de ce long tertre, couvert de fleurs, qui recouvre les dépouilles de 126 victimes.

M. le curé de Villers a adressé de chaleureux remercîments à Monseigneur qui a oublié les soins de sa santé pour aller présider à cette fête funèbre ; à M. le Préfet, dont la démarche est un digne hommage rendu à la valeur de nos soldats; au clergé des diocèses voisins qui a voulu s'associer au deuil de nos contrées.

M. Dauphin, en qualité de préfet de la Somme, a remercié, au nom du Gouvernement, tous ceux qui ont contribué à cette cérémonie. C'est à Villers-Bretonneux, a-t-il dit, c'est dans ces plaines illustrées par la bravoure de nos soldats, de nos généraux et surtout de Faidherbe, qu'il était juste de voir apparaître pour la première fois les uniformes français et les trois couleurs du drapeau national.... Ces souvenirs de gloire se mêlent hélas! à ceux de nos revers... le Dieu des armées nous a abandonnés.... En face de ces désastres inouïs, on est amené à en rechercher les causes. Est-ce parce que nous avons oublié Dieu que Dieu nous a délaissés? est-ce parce que, plongés dans le culte des intérêts matériels, nous avons mis l'argent au-dessus du devoir? est-ce parce que, déshabitués à faire nous-mêmes nos propres affaires, nous les avons imprudemment confiées à d'autres mains ? C'est pour toutes ces causes, et bien d'autres encore..... Mais le sentiment du devoir, qu'éveille si énergiquement l'aspect de ces tombes, renaîtra dans la France régénérée, et ces héros pour qui nous venons de prier prieront pour nous à leur tour.

Ces mâles paroles, si religieuses et si patriotiques, ont fait courir dans l'auditoire un murmure d'approbation qui n'a été contenu que par le respect dû aux lieux saints.

Monseigneur, atteint par une affection de larynx, qui nécessite son départ aux eaux du Mont-Dore, a exprimé à M. le Préfet le profond regret qu'il éprouvait de ne pouvoir traduire, par une voix affaiblie, les sentiments dont son cœur était rempli.

Cette fête funèbre laissera de profonds souvenirs à ceux qui en ont été les témoins. Mais cela ne suffit pas ; il faut qu'un monument plus durable de la piété publique honore la mémoire de ceux qui ne sont plus. Ce projet a été conçu par la municipalité de Villers et par M. Delplanque dont le zèle s'est si activement déployé en faveur de nos soldats pendant les tristes péripéties de cette guerre. Déjà il a reçu une offrande de 500 francs des mains de Monseigneur et une pareille somme donnée par un anonyme. Une quête, faite pendant la grand'messe pour cette même destination, a produit 900 fr. Tout fait donc espérer qu'on aura bientôt réuni les fonds nécessaires pour ériger, sur les tombes militaires de Villers-Bretonneux, un monument digne de ces héros du devoir, de ces martyrs de la conscience. Leurs noms resteront à jamais gravés sur la pierre, comme ils le sont dans le souvenir des familles, et aussi, devons-nous l'espérer, dans le Livre de Vie : car le sang versé pour la patrie crie miséricorde au Seigneur, et les champs de bataille, comme l'a dit l'éloquent prédicateur, sont bien souvent de nouveaux chemins de Damas qui conduisent à Dieu.

(N° 2 du *Dimanche*). L'abbé J. CORBLET.

DISCOURS

Prononcé par M. l'Abbé POTIER

Curé de St-Etienne de Beauvais.

Doleo super te frater mi Jonatha. . . . . Sicut mater amat unicum filium suum, ita ego te diligebam.

Je pleure sur toi, ô mon frère bien-aimé Jonathas, et, comme une mère sait aimer son fils unique, ainsi je t'aimais.

Nous pleurons sur vous, ô frères bien aimés, nouveaux Jonathas, et comme une mère sait aimer son fils unique jusque dans les bras de la mort, nous savons vous aimer.

Monseigneur,

Ainsi David pleurait sur son frère Jonathas; ainsi, à cette heure, tant de pères et tant de mères pleurent sur leur plus grande joie, sur leur plus douce consolation descendue au tombeau; ainsi, frères, sœurs, épouses et orphelins pleurent sur leur plus tendre affection; ainsi pleurent cette paroisse, cette commune; ainsi pleure cette foule, venue de si loin, sur ces victimes dont elles ont admiré le courage; ainsi, Monseigneur, l'Église pleure, par votre présence, sur la tombe de ces martyrs; ainsi, monsieur le Préfet, la Patrie pleure, en votre personne, sur ces héros qui furent de généreux défenseurs; ainsi nous pleurons nous-mêmes, unissant nos larmes à tant de larmes, les douleurs de notre cœur à tant de douleurs, notre deuil à tant de deuils.

O frères bien-aimés, nouveaux Jonathas, oh! oui, nous pleurons sur vous, et jusqu'aux bras de la mort, comme une mère sait aimer son fils unique, ainsi nous vous aimons.

Personnellement, mes frères, ne devrions-nous pas nous borner à pleurer ces victimes? Entre ce champ de bataille, où elles sont tombées si glorieusement, et ce cimetière où elles reposent, et où leur tombe va être bénie par l'Église; devant cet auditoire si douloureusement ému, en face de ces familles au cœur si profondément brisé; dans cette chaire, sous cette voûte, il eût fallu un Jérémie pour égaler la plainte à l'immense douleur, et ce Jérémie, on l'eût facilement trouvé dans les rangs pressés de ce clergé aussi distingué par l'esprit que par le cœur. Mais je me trompe, Monseigneur, qu'était-il besoin de chercher et de choisir, puisque votre Grandeur venait elle-même bénir la tombe de nos héros? L'Église et la Patrie peuvent-elles mieux sentir que par votre cœur, la Patrie et l'Église peuvent elles mieux dire que par vos lèvres? Aussi, est-ce bien dans toute l'anxiété de mon âme, qu'en regardant ces tombes, je m'écrie : Que dirai-je qui puisse s'élever au niveau de ce que vos esprits peuvent et de ce que vos cœurs savent éprouver?

Au jour où Notre-Seigneur s'en allait à la mort par le dur sentier du Calvaire, les Saints-Évangiles nous disent qu'une foule nombreuse, composée d'hommes du peuple et de femmes, l'accompagnait en se lamentant sur son sort.

Et Celui qui devait être le divin Crucifié, se retournant vers cette foule, lui dit : « Filles de Jérusalem ne pleurez pas sur moi, mais pleurez sur vous-mêmes et sur vos enfants : *Nolite flere super me, sed super vos ipsas flete et super filios vestros.* »

Je prête l'oreille : dites-moi, mes frères, n'est-ce pas là aussi en quelque sorte la voix de ces tombes : « Pleurez sur nous, oh! oui pleurez sur nous, mais vos larmes les plus amères, ah! réservez les pour d'autres. »

I

Héros, oh! oui, nous pleurons sur vous, car vous n'êtes plus ; mais ne devons-nous pas encore plus de larmes à la douleur et au deuil de vos familles?

Nous pleurons sur vous, et comment ne pleurerions-nous point sur de semblables trépas ?

Mourir, mes frères, quelle épouvantable chose ! Mourir à la terre qui nous porte, mourir au beau ciel qui nous couvre, mourir à cette belle lumière qui nous éclaire, mourir à tout ce que nous aimons, mourir à tout ce que nous possédons, mourir à tout ce que nos espérons, pour mourir enfin à nous-même, quelle épouvantable chose ! Et mourir à tout cela, ô héros de la patrie, mourir à tout cela à vingt ans ! Oh ! oui, nous pleurons sur vous !

Mourir, mes frères, mais c'est contre tous les instincts de notre nature ; nous ne voulons pas mourir. L'enfance s'en va protestant contre l'arrêt de mort ; elle dit au temps qui passe : Oh ! laisse-moi, je t'en prie, mon beau soleil levant ; laisse-moi mon doux printemps, laisse-moi mes fleurs écloses. Je veux jouir toujours et ne jamais mourir !

Et puis, c'est l'âge mûr qui dit encore au temps qui passe : Oh ! laisse-moi mes soucis, laisse-moi mes fatigues, laisse-moi mon soleil en plein midi, mon soleil qui me dévore, laisse-moi, je veux bien toujours travailler, mais je ne veux pas mourir.

Il n'y a pas jusqu'au vieillard qui ne dise au temps qui passe : Laisse-moi mon soleil à son déclin ; je ne prie plus pour mon printemps ; je ne prie plus pour mes joies et pour mes fleurs. O temps qui passe, laisse-moi le pâle feuillage de mon automne, laisse-moi mes infirmités et mes douleurs. Je veux bien toujours souffrir, mais je ne veux pas mourir !

Nous, prêtres, nous voyons mourir à tout âge ; nous avons vu mourir des vieillards, pour qui la terre n'était plus que de glace, sans soleil ni fleurs, pour qui une mère, un père n'étaient plus que de lointains souvenirs, qui ne connaissaient plus le monde que par ses déceptions, pour qui le sentiment de la vie se confondait avec celui de la douleur, pour qui, enfin, tous les liens qui attachent l'homme à la vie n'étaient plus que des chaînes ; eh bien ! nous les avons vus mourir à quatre-vingts ans, et, quand l'heure suprême arrivait, ce n'est qu'au milieu d'indicibles angoisses qu'ils sentaient se briser au fond de leur être ces liens qui n'étaient plus que des chaînes. S'il en est ainsi à quatre-vingts ans, mourir au printemps de la vie, mourir à vingt ans, mourir alors que le passé est encore sans regrets, l'avenir sans inquiétudes et le présent une fête ! . . . . . . Je regarde votre tombe, enfants ; vous n'êtes pas l'épi mûr tombé sous la faux du moissonneur, vous êtes la fleur brisée par la main du méchant ! Qui ne pleurerait en présence de cette tombe où se trouve, brisé, anéanti, l'espoir de tant de printemps ?

Oui, vous êtes morts, et nous versons des larmes sur vous, mais non des larmes désespérées. Grâce à Dieu, vous n'êtes point morts tout entiers ! Si puissante que soit la mort, il y a, vous le savez, mes frères, un sanctuaire au fond de notre être, où la main qui tue ne sait jamais arriver. Vous savez qu'il y a en nous un principe de vie qui défie la mort, principe si bien distinct de ce corps qu'il n'a jamais suivi la loi des corps qui est la loi du changement ; une âme si bien distincte du corps, si bien identique à elle-même, qu'elle reste la même, que l'on brise ou que l'on tranche, que l'on écrase ou que l'on brûle les membres de ce corps; une âme si bien identique à elle-même, qu'elle s'affirme avec autant d'énergie sur les lèvres de l'enfant et du vieillard que par la bouche de l'homme dans toute la plénitude de la force et de l'âge.

Il y a en nous une âme que nous voyons dans chacune de nos pensées, aussi bien et mieux que nous ne pouvons saisir de nos yeux de chair les différentes formes de notre corps; il y a en nous une âme qui s'accuse par sa volonté, aussi bien et mieux que notre corps ne se révèle au toucher par la résistance; une âme enfin que nous sentons dans l'ivresse de ses joies, comme dans les tortures de ses douleurs, mieux que nous ne sentons notre corps à l'heure de la souffrance ou à l'heure d'une jouissance.

Vous savez qu'il y a en vous une âme, et, — votre raison vous le dit, — elle doit survivre au corps: sous peine de ne plus croire aux plus légitimes instincts de notre nature, sous peine de ne plus croire ni à la justice de Dieu, ni à sa sagesse, ni à sa bonté, sous peine de ne plus croire à Dieu, la raison la proclame devant survivre au corps, et la foi, au nom de Dieu, la proclame immortelle. La main de Dieu même a imprimé sur elle le cachet de l'immortalité.

Héros de la conscience, vous êtes morts, c'est vrai, et pourtant je le jure par Dieu, vous vivez encore, non-seulement dans la mémoire de ceux qui m'entendent, dans l'amour de leurs cœurs; vous vivez, non pas seulement dans cette immortalité que le souvenir, que l'amour de la patrie reconnaissante vous assure, — cette immortalité, je l'admire et la salue en passant, — mais vous vivez réellement devant Dieu, vous vivez, j'ose le dire — et c'est votre plus douce consolation, parents chrétiens qui m'entendez, — vous vivez dans l'immortalité de sa gloire et du bonheur

Braves enfants, si Dieu vous eût donné de plus longs jours, comment seriez-vous morts sur les mille sentiers de la vie où vous auriez passé ? Triste question, mes frères ! Avec l'empoisonnement des âmes, comme nous le connaissons aujourd'hui, et cela, par l'air que l'on respire, par le scandale que l'on voit, que l'on entend et qu'on lit, nous savons, hélas ! comment trop souvent on meurt dans son lit !

Mais, sur un champ de bataille, quand la mort vient à nous, menaçante et terrible; quand elle vient, le front haut, la face découverte; quand elle vient, dominant tous les bruits du fracas de sa foudre à elle, la mitrailleuse et le canon; que de sentiments, non pas morts, mais assoupis, que d'échos se réveillent dans une âme ! On a pu être non pas persécuteur, comme Paul, mais un enfant prodigue devant Dieu. Ah! qu'un champ de bataille est pour beaucoup le chemin de Damas qui ramène au bon Dieu ! Pour combien de Paul n'y a-t-il pas alors de ces éclairs dans l'âme, de ces visions du passé qui ont la toute-puissance de la transformation ?

Seigneur, vous les avez entendus, n'est-ce pas, sur ce

champ de bataillle, avant de s'élancer contre l'ennemi, d'un regard, d'un geste, d'un mot, d'un soupir de leur cœur, ils vous disaient : « Dieu de mon père, Dieu de ma mère, Dieu de ma première communion, ayez pitié de moi ! » Et ils se précipitaient dans la mêlée, bravant la mort sous toutes ses formes. Un boulet est venu qui les a tués, mais en brisant le corps d'un héros, c'était l'âme d'un saint, je vous le dis, que ce boulet emportait vers l'éternité. Oui, Dieu les a entendus ; et nous le répétons avec d'autant plus de confiance, que beaucoup, parmi ces braves enfants, nous le savons, se sont préparés à mourir en héros chrétiens, et que d'autres sont morts de leurs blessures avec la patience et la courageuse résignation des saints.

En vérité, nous pleurons sur vous, nouveaux Jonathas, mais vous aviez raison de nous le dire, nos larmes les plus amères, c'est sur vos familles que nous les devons verser ! Pour vos familles, en effet, quelle inconsolable douleur !

Oh ! oui, il est à plaindre ce noble père qui, sur un champ de bataille, n'a été épargné par la mort que pour voir tomber, foudroyé à ses côtés, un fils qu'il n'a pu même presser une dernière fois sur son cœur, et qui, pour obéir au devoir, laissait à l'ennemi une dépouille si chère.

Que vous êtes à plaindre, pères et mères, vous qui, au lendemain d'une cruelle séparation, vous souvenant encore des derniers adieux, vous êtes écriés : « Nous ne le reverrons plus ! »

Qu'ils sont à plaindre aussi ces frères et ces sœurs, ces veuves et ces orphelins ! Quels vides au foyer de tant de familles ! Quels deuils ! Quels regrets à la place de tant d'amour, de tant d'espérance ! C'est là, mes frères, la suprême douleur !

Avec vous tous, enfants, épouses, pères et mères, nous répétons, en regardant cette tombe, ces gémissements de Rachel : « Ils ne sont plus ! » et nous laissons couler ces larmes qui se refusent à toute consolation. Mais aussi, vous montrant les cieux, nous pouvons ajouter dans l'intime confiance de notre âme : « Ils sont là ! » Votre douleur ne doit pas être une douleur désespérée. Dieu vous les garde et Dieu un jour vous les rendra ; il vous les rendra dans une patrie où l'on ne souffre plus, où l'on ne meurt plus.

II

Héros de la Conscience, nous pleurons sur vous, mais en pleurant sur vous, nous comprenons que nos larmes les plus amères, nous devons les réserver pour d'autres, pour les félons de l'honneur et de la conscience, et, par ces jours de défaillance, vous savez tous, mes frères, si ces félons sont nombreux.

La conscience, ô sainte et sublime chose ! vous savez ce que je nomme par là. La conscience est le poteau indicateur sur le chemin de l'honnête homme et du chrétien ! La conscience, c'est le garde-fou du côté du précipice. La conscience, c'est le cri : « Garde à vous ! » c'est le cri : « On ne passe pas ! » c'est le cri : « En avant ! » poussé ou par la sentinelle vigilante ou par le chef qui commande à l'heure du devoir.

La conscience, mes frères, comment vous la définirai-je ? c'est un bon ange venu des cieux, un ange chargé de nous conduire dans le véritable sentier et de l'honnête homme et du chrétien ; — mieux que cela — la conscience, c'est la communion par l'intelligence humaine à la grande loi morale qui est Dieu ; — mieux que cela — la conscience, c'est une projection jusqu'au fond de notre être du sillon tracé de main divine, qui doit séparer à jamais ce qui est bien d'avec ce qui est mal — Que dis-je, mes frères ! La conscience, c'est Dieu lui-même au sein de l'homme. Saint Jean n'a-t-il pas défini le Verbe incréé *la lumière qui éclaire tout homme venant en ce monde ?* Lumière de l'honnête homme et du chrétien, telle est la conscience.

Le génie, ou de l'esprit jusqu'au génie, le courage dans toutes ses formes, la tendresse avec tous ses prodiges de dévouement, tout cela peut constituer de belles qualités de l'homme, mais ce qui fait l'homme, ce qui l'élève véritablement, ce qui lui donne son être, ce qui le transforme, ce qui le baptise de son vrai nom, c'est la conscience.

Et bien ! pères et mères, frères et sœurs, foule venue à ce deuil, savez-vous le nom donné par cette information de la conscience, par ce baptême de la conscience, à ces héros tombés dans nos glèbes ? c'est le nom si glorieux de martyrs de la conscience, de héros du devoir.

Ils avaient entendu Dieu ou la conscience parler; au premier appel de la patrie menacée, ils s'arrachaient de vos bras. familles désolées. A la voix de la conscience, par ces plaines glacées, au milieu d'un hiver exceptionnel, ces pauvres enfants ont fait des marches impossibles et passé des nuits de torture. Et quand, en face de l'ennemi, la conscience, par la voix des chefs, a crié : « En avant ! », ils se sont élancés un contre dix et ont tenu bon, pendant de longues heures, subissant la mort, mais ne reculant qu'à peine.

Ils sont tombés, mais ils avaient obéi à la voix de la conscience, et vous savez, mes frères, le beau nom qu'elle leur donne, c'est le nom que je vous ai dit tout à l'heure; elle les a baptisés : Martyrs du devoir.

Ils sont tombés, mais nous les relevons en ce moment. Est-ce que tous ceux qui sont ici réunis ne les relèvent pas ? Est-ce que la France entière ne les a pas relevés pour les montrer à l'admiration et à l'imitation de tous, en les proclamant les héros de la conscience et les martyrs du devoir?

Héros de l'armée du Nord, héros de l'armée de la Loire, vous avez été en France une glorieuse exception; mais hélas ! il faut bien le dire, vous n'avez été qu'une exception. Vous le savez comme moi, mes frères, que d'âmes aujourd'hui sont comme des navires sans gouvernail et sans boussole, voguant sous un ciel sans étoile et sur une mer sans phare. Elles ont perdu la sublime direction de l'honneur, du jour où elles ont proclamé la conscience une chimère, et le devoir un vain mot. Pauvres âmes ! elles ont traité leur conscience comme les bourreaux de Jérusalem traitèrent la divine victime, lui mettant un bandeau sur les yeux, lui crachant au visage et puis la souffletant, ils lui crient : Prophétise, maintenant, si tu l'oses; parle-nous encore de devoir et d'honneur !

Les malheureuses âmes ! Elles ont traité leur conscience comme Simon, l'infâme Simon, le geôlier de la Tour du Temple traitait l'enfant royal remis entre ses mains; il l'avait enivré, et quand cet ange blasphémait dans son ivresse les choses les plus saintes et les plus sacrées, il trépignait de joie comme trépigneraient les démons à la vue d'une âme qu'ils feraient chanceler.

C'est ainsi qu'ils ont fait. Entendez-les jurer par le Dieu auquel ils ne croient plus, par leur conscience qu'ils ont estropiée, que la vie humaine, ici-bas, n'a d'autre direction que l'intérêt, qu'elle ne doit aboutir qu'à un seul but : la jouissance matérielle. De là viennent, mes frères, ces honteux compromis ; de là, ces défaillances lamentables, ces volte-face sans pudeur, ce désarroi moral, qui nous feraient désespérer de la France, n'étaient Dieu et sa miséricordieuse bonté.

Mes frères, je vous en conjure, dites-moi que j'exagère, prouvez-moi que je me trompe ; il est si dur à un cœur français de désespérer de sa patrie ! Mais quoi ! est-ce que ce ne sont pas des plumes françaises qui ont eu l'audace d'écrire, dans des livres lus de tous, que la conscience n'est qu'une invention des hommes, l'honneur une chimère, la séparation du bien et du mal une vision ? Est-ce que ce ne sont pas des plumes françaises et des lèvres françaises qui ont bien osé dire : Le dévouement est une duperie. Et ils l'ont dit, vous savez de qui ?... ils l'ont dit de Jeanne d'Arc, de Jeanne la Sainte, de Jeanne l'héroïque, sœur de vos glorieux fils ! Oui, ils ont osé dire d'elle qu'elle n'était qu'une sotte, en se dévouant jusqu'à la mort pour son pays !

L'historien des douleurs du prisonnier du Temple nous dit que le pauvre enfant, quand il sut que, par l'ivresse, on était parvenu à faire blasphémer ses lèvres et sa main, se condamna au deuil du silence le plus absolu. Ainsi fait la conscience de ces malheureux. Elle se venge de leurs outrages en se taisant ; elle n'essaie même plus un remords ; ils l'affirment du moins. Eh bien ! tant pis pour eux !

Encore une fois, n'est-il pas vrai, héros chrétiens de la conscience, martyrs du devoir, que si nous devons pleurer sur vous, nos larmes les plus amères nous les devons à ces félons de la conscience?

III

Héros de la patrie, martyrs de la patrie, ah ! oui, nous pleurons sur vous, nouveaux Jonathas, mais nos larmes les plus amères, est-ce que nous ne les devons pas aux traîtres à la patrie? Qu'ils sont encore nombreux ceux-là !

La Patrie, mes frères, quel doux mot, la Patrie ! Réunissez tous vos droits et tous vos devoirs, tous vos souvenirs personnels, comme toutes vos espérances d'avenir ; résumez toutes les joies et toutes les tristesses de vos ancêtres, leurs triomphes comme leurs défaites, tout ce qui nous a élevés et nourris, tout ce qui nous a aimés, tout ce qui nous entoure, résumez tout cela dans un seul mot : ce mot, c'est la Patrie.

La Patrie, c'est la plaine jusqu'à l'horizon, par delà les collines et les monts jusqu'à la frontière ; c'est le champ, cette usine que féconde par ses fatigues le cultivateur ; c'est l'usine, ce champ que d'autres fécondent aussi par leurs labeurs et leurs semailles.

La Patrie ! Que ne contient pas ce nom ! La Patrie, vous le savez, mes frères, c'est la loi qui nous protége et qui défend notre terre ; la Patrie, vous le savez encore, c'est le travail et le pain qui nous font vivre ; c'est le foyer béni où se trouvent ces deux tendresses, ces deux dévouements qu'on appelle un père, une mère ; c'est le cimetière où nous avons tant pleuré ; c'est l'église où nous avons été baptisés, où nous avons pour la première fois communié, où nous voulons être portés après notre mort.

La Patrie, mes frères, mais c'est tout ce qui peut faire palpiter d'une manière plus sensible le cœur de l'homme. La Patrie, c'est la famille agrandie à l'image du ciel; la Patrie c'est le ciel amoindri à l'image sacrée de la famille. Aussi, je ne crains pas de le dire, nos devoirs vis-à-vis de Dieu, nos devoirs vis-à-vis de notre père et de notre mère, ce sont là nos devoirs vis-à-vis de la Patrie. Ce sont des devoirs imprescriptibles. C'est une dette pour laquelle on donne, pendant toute la vie, des à-comptes, mais sans pouvoir jamais obtenir un solde définitif. St. Thomas appelle la dette de l'homme vis-à-vis de Dieu, de sa famille et de sa patrie *une dette de justice et plus que de justice*.

Honneur à vous, enfants courageux, héros dès le premier moment de la vie, vous êtes tombés pour la Patrie, martyrs de sa défense; nous vous célébrons comme nous célébrons les martyrs de l'amour paternel, les martyrs de l'amour divin. Nous pleurons sur vous, et, en pleurant, nous vous admirons, nous envions votre sort; mais nous pleurons aussi sur d'autres, nous pleurons, en les maudissant, sur ceux qui ont été traîtres à la Patrie, comme peuvent être pleurés les apostats de l'amour paternel, les apostats de l'amour divin; encore une fois on les pleure, mais on ne peut les pleurer qu'en les maudissant.

Ces traîtres à la Patrie, vous les connaissez, mes frères. Ai-je besoin de les nommer du haut de cette chaire? Ce sont ceux-là même qui demandaient à grands cris la guerre à outrance, à l'heure de votre dévouement, et qui, dans l'ombre, préparaient la guerre civile. Ces traîtres à la Patrie, enfants, ce sont ceux qui comptaient sur votre défaite pour mieux terroriser la France. Enfants héroïques, ces traîtres à la Patrie, ce sont ceux qui n'ont jamais su que reculer devant cet ennemi sur lequel vous vous êtes jetés, le provoquant à vous écraser pour délivrer le cœur de la France, pour arracher Paris à son étreinte. Les traîtres à la Patrie, ce sont ceux qui ont osé entraîner la France au suicide, alors qu'elle échappait à peine au danger de l'assassinat. Les traîtres à la Patrie, ce sont ceux qui ont levé le drapeau de la plus coupable de toutes les guerres, sous les yeux mêmes de l'ennemi, et qui, vaincus, se sont vengés comme des sauvages par l'assassinat et l'incendie ; et quels assassinats et quels incendies ! Néron, non, Néron n'a jamais mieux fait, ni contre Rome, ni contre les chrétiens.

Et ne croyez pas que ces monstres soient venus au monde tout seuls, sans père ni mère ; ils ont une génération qui n'est point spontanée, mes frères, et cette génération, j'aurai le courage de vous la dire.

Ils descendent de vous, en droite ligne, publicistes sans conscience qui, pour faire du scandale et du bruit, avez osé dire dans votre sacrilège langage que vous *biffez* Dieu, et qui protestez chaque jour contre toute influence religieuse pour la direction des âmes.

Ils descendent, en droite ligne, de vous, politiques insensés qui demandez des lois et des gouvernements athées ; de vous, réformateurs sans conscience, qui posez en principe que le premier des hommes a dû être un sous-officier d'avenir dans l'armée des singes, pour arriver à cette conclusion : Il n'y a que l'homme pour ou contre l'homme ; l'homme en ce monde ne relève que de lui-même, et ne saurait éprouver d'autre crainte ni d'autre espérance que la crainte des malheurs terrestres ou l'espérance des jouissances d'ici-bas.

Ils descendent de vous en droite ligne, prétendus savants qui ne croyez qu'à la matière et proclamez la pensée une secrétion du cerveau humain, le génie une variété de cette maladie qu'on appelle une névrose, pour arriver à cette conclusion que la distinction du bien et du mal, du vrai et du faux, n'est qu'une fiction. N'avez-vous pas osé affirmer l'identité des contraires ?

Ils descendent de vous, philosophes Saints-Simoniens, n'importe à quel degré, que vous égreniez l'humanité jusqu'à n'en faire plus qu'un monceau de sable, ou que vous agglomériez les individualités pour les sacrifier aux pieds de ce tyran qu'on appelle César ou de votre Dieu-Humanité,

Ils descendent, en droite ligne, (j'irai jusqu'au bout), de vous, littérateurs éhontés, pour qui toute vertu admirable ici-bas a toujours grandi sans Dieu et sans prière, pour qui toute âme religieuse est toujours une âme hypocrite, pour qui toute femme chrétienne est nécessairement laide et méchante, pour qui toute fortune bien acquise a toujours été volée, pour qui tout domestique qui va à la messe est nécessairement un traître, pour qui toute fille sage et honnête n'est qu'une sotte, pour qui toute dévergondée est un modèle, une goutte de rosée tombée par malheur dans la boue, mais qu'un rayon d'amour peut relever. Vous avez chanté les Laïs et les Poppée, vous vous êtes faits les scandaleux chroniqueurs de leurs débordements ; et, tandis que le christianisme créait l'héroïsme du soldat, l'héroïsme du religieux qui, comme le soldat, va braver les boulets sur un champ de bataille, quand son devoir l'ordonne, l'héroïsme de la femme chrétienne, de la sœur de Saint-Vincent-de-Paul, vous, vous avez mis au monde l'infâme scélérat qu'on appelle un communeux et ce type achevé de la femme libre, l'épouvantable pétroleuse.

Vous avez, dans votre prose, nié Dieu sous toutes ses formes. Eh bien ! la Commune n'a fait qu'une logique application de vos principes. S'il n'y a plus de Dieu, ont-ils dit, il n'y a plus de patrie ; plus de patrie, plus de famille ; plus de famille, plus de propriété, plus d'hérédité, plus de capital. La misère, s'il le faut, mais l'égalité dans la misère !

Oui, France, patrie bien-aimée, ils t'ont reniée, comme ils renient leur père et leur mère, et cela, non pas dans ta force et dans ta gloire ; mais ils t'ont reniée, les lâches ! à l'heure où le sang s'échappait de toutes tes plaies, et quand, haletante sous le genou du vainqueur, tu appelais à ton secours tous tes enfants. C'est alors qu'ils ont osé dire : Plus de patrie, plus de famille !

Beaucoup de ces grands coupables, beaucoup de ces traîtres à la patrie sont déjà tombés ; il en reste encore à punir. Je m'incline devant la justice de mon pays; mais, si de nouvelles exécutions doivent avoir lieu, la société tout entière, ce jour-là, ferait bien de prendre deuil. Ces hommes sont coupables, mais ils ne sont pas seuls coupables. J'ose dire que la société tout entière a été leur complice. Pleurer leur faute, c'est pleurer la nôtre. Quand Eve trouva son fils Abel assassiné par son frère, en voyant fuir au loin le meurtrier, elle a pu dire : Le malheureux ! Mais inclinant ensuite la tête sur la poitrine, entendez-la murmurer au milieu de ses sanglots : Malheureuse toi-même ! si tu n'avais pas été si pécheresse, Caïn n'aurait pas été si coupable, et Abel ne serait pas mort. Abel, Abel pardonne à ta mère !

Ainsi, en regardant les ruines fumantes de Paris, en s'agenouillant sur la tombe des ôtages massacrés, en pleurant tant de sang versé, tant de victimes tombées, en entendant les coups de foudre qui frappent les coupables, la société peut dire comme Eve, en se frappant la poitrine : « Si j'avais été meilleure, les uns n'auraient pas été si méchants et les autres si malheureux. »

Sur ceux-là on pleure, mes frères, et, je dirai presque, on verse des larmes désespérées. Que la Patrie est à plaindre ! Un jour viendra peut-être où elle se relèvera de ses ruines, mais aujourd'hui, si nous devons pleurer sur ces héros, combien ne devons-nous pas aussi pleurer sur notre France, si déchue de sa gloire, si déchue de sa puissance passée !

IV

M. Guizot, un des glorieux citoyens de la France, disait, dans son admirable *Cours d'histoire*, que les sociétés modernes sont filles de l'Episcopat catholique. Or, dans cette magnifique, dans cette splendide génération de l'Eglise, la fille aînée, ce fut la France. Tant qu'elle fut fidèle à sa naissance, tenant de la même main le drapeau de la Patrie et l'étendard du Christ, elle livra ces mémorables combats qui ont sauvé la civilisation chrétienne et l'Europe entière de la barbarie musulmane. C'est son drapeau et la croix à la main, qu'elle faisait ces grandes campagnes d'Afrique et d'Asie, si calomniées naguère par vous, historiens à courte vue, campagnes où l'héroïsme le disputa au malheur et qui, pourtant, furent si fécondes en grands résultats pour la France comme pour l'Europe.

C'est le drapeau du Christ et de la Patrie à la main, que la France s'en allait faire par le monde les œuvres de Dieu et remplir ce monde du bruit et de la gloire de ses exploits. — C'était à déconcerter toutes ses rivales — Mais, écoutez-moi bien, mes frères, un jour, pour perdre la France, le démon apprit à rire, et ce rire de Satan, ce rire incarné, ce fut par la France et par le monde, le rire de Voltaire. Et la foi de la France que n'auraient pas ébranlée les menaces du monde entier, la foi de la France qui aurait bravé tous les martyres, la foi de cette pauvre France s'est laissé déconcerter par le rictus de Voltaire, et, peu à peu, elle s'est éloignée de la croix, peu à peu elle a séparé son drapeau de l'étendard du Christ. Elle s'en est allée seule par le monde, et certes, elle était encore puissante; mais, comme ces monstres de la mer qui, échoués sur le sable, pourraient encore briser une jetée d'un seul de leurs mouvements, elle n'était plus dans son élément : la sagesse et la bénédiction d'en haut lui faisaient défaut; abandonnée à ses propres forces, elle a encore frappé de terribles coups, remporté de glorieuses victoires — l'Europe est là pour le dire -— Mais hélas ! Waterloo..... Waterloo, quel triste coucher du soleil d'Austerlitz ! .... Sedan !..... quel plus triste coucher du soleil de Sébastopol et de Solferino ! De grandes batailles, de grandes victoires menant toujours à des défaites désastreuses et à d'épouvantables catastrophes !

O France, bien-aimée patrie, l'orgueil a tué dans ton cœur et dans le cœur de tes enfants la religion de la patrie, la religion de la famille, la religion du dévouement, la religion de l'oubli de soi-même. Pauvre France ! nous te voyons là gisante ; l'Europe qui te contemple s'écrie : « La France est mourante ! » et elle s'attend à dire bientôt : « La France est morte ! » O France, patrie bien-aimée, rejette le poison qui te tue ; comme l'a dit encore un de tes enfants, Guizot, un protestant : redeviens chrétienne, redeviens catholique, et l'empire du monde est à toi. France, relève-toi, et tu seras encore le géant du temps passé. Nous reverrons cela ; n'est-ce pas, mes frères, oh ! oui, dites-moi, nous le reverrons ; s'il fallait ne plus le revoir, regardant ces tombes, je cesserais de pleurer, et j'invoquerais la mort.

V

Je ne dis plus qu'un mot. — Pères et mères, frères et sœurs, épouses désolées, pauvres enfants orphelins, il faut bien l'avouer, le deuil a son ivresse, mais il a aussi ses crises de douleur.

L'ivresse du deuil, ah ! c'est de retrouver les restes inanimés de ceux qui ont été les plus chers à notre cœur ; l'ivresse du deuil, c'est de pleurer en sentant nos larmes si bien comprises, notre douleur si bien partagée, et notre deuil devenu le deuil de tous.

L'ivresse du deuil, dites-moi, n'est-ce pas de pleurer sur ces tombes si chères, environnées d'une foule sympathique comme celle-ci, et accompagnés de ce que l'Église et la Patrie ont de représentants le plus autorisés ?

Mais, si c'est là l'ivresse du deuil, il y a aussi la crise de douleur pour le deuil, et cette crise, c'est la séparation. Il y a ivresse pour le deuil, quand on peut prendre entre ses mains les dépouilles aimées de ses enfants qui ne sont plus, et faire comme ont fait les enfants d'Israël pour les cendres de Joseph, les emporter pour les ensevelir chacun dans sa terre de Sichem ; j'appelle une terre de Sichem ce cimetière de notre village, ombragé de la vieille église, et protégé par la croix de famille. Mais l'angoisse du deuil, c'est bien quand il faut laisser ces dépouilles chéries sur la terre étrangère !... Oh ! consolez-vous ! consolez-vous ! vos enfants ne restent pas sur la terre d'Egypte, et ici, je vous l'affirme, ils ne sont pas environnés d'étrangers. Vos enfants, — je le dis à la gloire de cette population, — à la veille de la bataille, étaient reçus dans chaque demeure comme des frères; après la bataille, blessés, il ont été soignés comme des fils, durant de longs mois ; et, tombés morts sur le champ d'honneur, ils ont été relevés avec le pieux respect que la religion accorde toujours aux restes de ses martyrs. Et comment en eût-il été autrement, au sein de cette population si profondément chrétienne et si éminemment française, au sein de cette population admirablement guidée par une administration aussi intelligente que généreuse, entraînée à toute œuvre de dévouement par un pasteur dont l'amitié m'interdit de faire l'éloge ?

Non, non, ne craignez pas, la tombe de vos enfants sera honorée. Déjà les administrations civiles et religieuses ont pris l'initiative pour leur élever un monument que l'on tâchera de rendre digne de la gloire de ceux dont il doit recouvrir les cendres. Et, je puis le dire, en montant dans cette chaire, je savais qu'une grande douleur avait déjà envoyé son offrande ; votre idée, Monsieur le Curé, a été admirablement comprise.

Non, non, ne craignez pas, vos enfants ne restent pas dans la terre d'Egypte ; ces tombes seront gardées, et, je puis le dire ici devant le Curé de cette paroisse, jamais un pèlerinage officiel ne se fera sans une station obligée sur leur tertre funéraire. Soyez sûrs qu'aucun des habitants de cette paroisse, venant pleurer au cimetière sur son enfant, ne le quittera sans une prière pour les vôtres. Soyez-en sûrs, il n'y aura pas un père qui, passant à côté de ce cimetière, ne se découvre respectueusement devant la croix de vos enfants, et qui ne parle d'eux à ses fils comme de modèles à imiter. Non, ne craignez point, sur ces tombes, soyez-en sûrs, il y aura des fleurs au printemps; au jour des Rameaux, il y aura du buis béni ; sur ces tombes, toujours il y aura des prières.

Ah ! pourquoi Dieu qui m'a donné la toute puissance du pardon, m'a-t-il refusé le pouvoir de rappeler les morts à la vie !

Que j'aurais de bonheur à souffler, comme l'ange de la dernière heure, sur ces tombes et à vous rendre ceux que vous pleurez ! Hélas ! Je ne sais que les regretter avec vous dans l'amertume de mon âme. Mais, ce que nous ne pouvons faire à cette heure, Dieu le fera un jour.

Sur un champ de bataille, voyez-vous cette victime tomber. L'ennemi la foule aux pieds et déjà entonne le chant du triomphe: mais voici que la victime retrouve la vie, elle reprend son arme chaude encore, tire sur son ennemi tandis qu'il chante sa victoire, et alors, se relevant : A toi la défaite, s'écrie-t-elle, à moi la victoire !

Eh bien ! mes frères, cela se passera au jour du jugement. Comme le Christ a brisé la pierre de son sépulcre, par le Christ ils briseront en ce jour la pierre de leurs tombes, et, à leur tour, ils diront à la mort : « O mort, où est ton aiguillon ? O mort, où est ta victoire ? La victoire, elle est à nous, à nous pour toujours ; elle est à nous, elle est à ceux que nous aimons dans la gloire et la félicité éternelle de Dieu ! »

Ainsi soit-il.

Allocution de M. le Curé de Villers-Bretonneux.

Après la cérémonie de l'absoute que Monseigneur l'Évêque a voulu faire lui-même au cimetière, M. Delplanque, curé de Villers-Bretonneux, s'adressant à Sa Grandeur, s'est exprimé en ces termes :

MONSEIGNEUR,

Avant de quitter cette enceinte, à laquelle vous donnez aujourd'hui comme une consécration nouvelle par votre présence, permettez-moi de me faire l'interprète, non-seulement de ma paroisse toute entière, mais encore de la foule immense que je vois autour de votre Grandeur, en vous remerciant d'avoir bien voulu présider la touchante cérémonie qui vient de s'accomplir. Oubliant ce que vous devez à une santé qui intéresse tout votre troupeau, vous n'avez écouté que la voix de votre cœur, et vous êtes venu prier pour les braves soldats qui reposent dans ce cimetière, après avoir versé leur sang pour la défense de la patrie. Merci à vous, Monseigneur ! Merci à ces prêtres vénérés accourus de toutes parts et surtout de ces religieuses contrées du Nord, si douloureusement éprouvées à la bataille de Villers-Bretonneux, et dont les enfants blessés au champ d'honneur nous ont montré qu'ils étaient aussi bons chrétiens que vaillants soldats.

Et, puisque je parle de gratitude, pourrais-je oublier l'éminent administrateur de ce département, qui a daigné s'arracher à ses graves et nombreux travaux pour venir, accompagné des conseillers distingués qui l'entourent, donner, lui aussi, à ces glorieuses victimes de la guerre, comme à leurs familles reconnaissantes, un témoignage de pieuse sympathie? Pourrais-je oublier et ces députés des gardes nationales de Lille, de Roubaix, de Tourcoing, et ces officiers et ces soldats du 48ᵉ régiment de marche des mobiles du Nord, si heureux et si malheureux en même temps de pouvoir pleurer et prier aujourd'hui sur les restes inanimés de ces vaillants compagnons d'armes qui sont tombés à leurs côtés? Pourrais-je vous oublier, enfin, parents et amis de ces chers soldats qui vous ont causé tant d'angoisses et coûté tant de larmes, vous qui n'avez pas reculé devant quelques fatigues pour leur donner, en visitant leur tombe, un nouveau gage de votre amour?

Bientôt vous retournerez au lieu qui les vit naître, laissant en notre garde leurs précieuses dépouilles. Nous veillerons fidèlement sur ce dépôt sacré ; et, avec la même sollicitude qu'ils ont soigné les nombreux blessés recueillis par eux au sein de leurs demeures, les habitants de Villers-Bretonneux viendront apporter sur leur tombe et leurs souvenirs et leurs prières.

Emportez avec vous ces consolations ; emportez une consolation plus douce encore, celle qui donne l'espérance qu'un jour ils seront rendus à votre amour et que vous les retrouverez dans une patrie meilleure, pour ne plus vous en séparer; jour heureux où des pères entendront Jésus-Christ leur dire, comme à l'officier de Capharnaüm : Votre fils est vivant ! où des mères, plus fortunées que la veuve de Naïm, serreront dans leurs bras et presseront sur leurs cœurs ces enfants ravis si jeunes à leur tendresse! Alors s'accomplira cette parole de l'Écriture : « J'ouvrirai votre tombeau et je vous ferai sortir de votre sépulcre. » Et ces vaillants héros qui sont tombés glorieusement, martyrs du devoir, martyrs de leur amour pour la patrie, secoueront leurs linceuls et se lèveront, non plus pour souffrir et pour combattre, mais pour recevoir de la main de Dieu même la couronne promise à la fidélité.

Les personnes qui n'auraient pu assister à la cérémonie funèbre de Villers-Bretonneux, et qui voudraient concourir à l'exécution du monument qui doit être élevé, dans le cimetière de cette commune, à la mémoire des victimes de la bataille du 27 novembre, pourront déposer leurs souscriptions, soit à Villers-Bretonneux, chez M. le Maire, ou chez M. le Curé; soit à Amiens : aux bureaux des journaux : le *Mémorial d'Amiens*, le *Journal d'Amiens*, l'*Écho de la Somme* et le *Dimanche*; soit à Lille, chez M. H. Butin, capitaine commandant par intérim le 7e bataillon des mobiles du Nord, rue Saint-Sauveur, 11.

Le conseil municipal de Villers-Bretonneux, par sa délibération du 4 juillet, a cédé à perpétuité le terrain sur lequel reposent les braves soldats tombés au champ d'honneur.

LE DIMANCHE

SEMAINE RELIGIEUSE DU DIOCÈSE D'AMIENS

PUBLIÉE SOUS LE PATRONAGE DE L'ÉVÊCHÉ

Par M. l'Abbé J. CORBLET

Chanoine honoraire, historiographe du diocèse.

Cette *Semaine religieuse* paraît le samedi. Chaque numéro comprend 16 pages et une couverture, et embrasse les matières suivantes : Actualités religieuses, vérités catholiques, considérations liturgiques sur la fête du dimanche suivant, études historiques, récits édifiants, nouvelles, poésies, bibliographie, anecdotes, pensées et maximes, variétés. — Chronique diocésaine, archéologie locale. — Nouvelles religieuses de Rome, de la France et de l'Étranger. La couverture est réservée à des renseignements utiles (offices de la semaine, annonce des fêtes particulières et des adorations perpétuelles, chemins de fer, cours des céréales, etc.)

Un an, 6 fr. — Six mois, 3 fr. 50. — Trois mois, 2 fr.

15 centimes le numéro.

CHEZ LANGLOIS, LIBRAIRE-ÉDITEUR

23, place Saint-Firmin, à AMIENS.

www.ingramcontent.com/pod-product-compliance
Lightning Source LLC
Chambersburg PA
CBHW060725050426
42451CB00010B/1636

ponds que les Magnifiques du Conseil secret de Genève étoient loin de les en détourner.

Il est même remarquable à quel point ils ont su conserver ce qu'ils appellent leurs avantages. Nos succès sont si étonnans, si peu attendus dans la plupart des têtes, parce que la plupart réfléchissent peu, que les Aristocrates ne renoncent pas même à la sorte d'espoir que conserve encore celui qu'on va pendre; & c'est pour cela qu'ils vous ont demandé de vous éloigner de dix lieues, tandis qu'ils n'ont rien exigé de semblable des Suisses. Ils peuvent rester sur le premier tertre où se trouvera un poteau Bernois, à quelques portées de canon de la petite République, & attendre là que la fortune, qui va sur l'air *çà ira*, change son branle.

Ils vous ont trompé, mon cher Général, rien n'est plus évident; & certes, si vous voulez conserver du crédit dans la République Française, rappelez-vous, relisez, je vous en conjure, le commencement d'une de mes Lettres, & défiez-vous & du doucereux ***, & de l'aristocrate ***, & du fourbe ***. Votre affaire est simple: elle se réduit à un dilemme. Ou ils ont appelé les Suisses, parce qu'ils ont craint une invasion de la part de la République Française, ou ils les ont appelés par des considérations plus étendues. Si leurs idées s'arrêtent à la première crainte, ils doivent être rassurés; si leurs spéculations vont plus loin, nous devons les connoître.

Je ne vous en dis pas davantage; je vous suis attaché, parce que j'aime les hommes qui savent exprimer comme vous ce qu'il faut dire. Mais si vous ne vous mettez pas à l'ordre du jour, tous vos talens seront perdus, & votre existence ne sera semée que de désagrémens. Vous manquerez à la raison même; car elle enseigne sur les conjonctures présentes que l'intérêt de l'humanité demande le triomphe universel de la République Française & de ses principes. C'est serrer le vent au plus près de la paix. En suivant une route opposée, je ne vois qu'anarchie, carnage & mal-entendu, jusqu'à ce que l'Europe entière ne soit plus qu'un désert.

Je ne vous parle pas de finances, je n'en ai pas le loisir. Je ne vous parle pas non plus de votre Lettre que je viens de recevoir sur la commission qu'on vous donne à l'égard de la Suisse. Elle est belle & grande, cette commission ; je vous en écrirai incessamment, mais vous ne pouvez la remplir qu'après avoir terminé l'affaire de Genève.

Bon soir, mon Général ; aimez-moi pour ma franchise, & croyez que personne ne vous donnera des conseils mieux assortis que les miens à votre gloire & à l'honneur de votre Patrie.

P. S. On annonce une lettre de Genève, trouvée dans les papiers de *Monsieur*. Vous pouvez d'avance juger de son contenu. Brissot m'en apporte une de ***, éloignez cet homme d'auprès de vous ; c'est un serpent ou un sot. On m'a aussi apporté de nouvelles plaintes contre vous ; les Patriotes disent que vous n'avez voulu écouter que les aristocrates. Mon cher Général, *songez donc que ces imbécilles, malgré toute leur belle apparence, ne veulent pas qu'un esprit éclairé s'occupe d'eux, si ce n'est pour les humilier* (2).

---

(2) C'est cette phrase qui sans doute n'est pas obligeante, que Montesquiou rapporte comme si j'eusse voulu parler de *tous* les Genevois.

Montesquiou, Général de l'armée des Alpes, à Clavière, Ministre des Contributions (3).

(N°. 21.)   A Landecy, près Genève, le 31 Octobre 1792,
l'an premier de la République Française.

IL faut, mon cher Clavière, que vous ayez de bien faux rapports de ce qui s'est passé ici, pour que vous me croyez trompé & influencé par qui que ce soit. Je n'ai jamais vu un seul de MM. ****, qu'en présence du Résident de France, de son Secrétaire de légation, & de M. Saint-Charles. J'ai soutenu, avec une fermeté constante, la dignité de la mission que j'avois reçue; & je ne conçois pas, je vous l'avoue, la difficulté que vous apportez à la ratification. Permettez-moi de passer en revue les objections que vous me faites.

Pourquoi, dites-vous, ce délai jusqu'au 1er. Décembre? 1°. Parce que l'exécution n'étant exigible qu'après la ratification, & la ratification pouvant ne pas arriver par le retour du même courier, il falloit nécessairement prendre un terme qui, bien que prochain, ne le fût pas assez pour que quelques jours du vent du nord pussent faire supposer une infraction aux engagemens. 2°. Parce que la seule chose qui m'ait paru importante, c'est la sortie des Suisses, la sortie entière, & que quinze jours de plus ou de moins m'ont paru parfaitement indif-

---

(3) On conviendra que dans cette lettre, la dernière que j'aie reçue de Montesquiou, devoit éclater toute son indignation contre moi : mais on ne lui avoit pas encore conseillé d'achever de se perdre.

férens. 3°. Parce que, voyant le Conseil dans l'intention expresse de se réconcilier avec les Suisses, j'ai pensé que ce qui avoit l'air d'égards pour eux ne pouvoit qu'être favorable au succès de la négociation, & qu'un terme moins précipité, accordé à cette sortie, faisoit disparoître le mot peu civil d'expulsion, prononcé dans vos notes précédentes.

Vous me dites que l'on veut profiter du séjour des Suisses pour faire augmenter la garnison de Genève : & en cela on vous trompe; car le Conseil Général a précédemment décidé, avant l'entrée des Suisses, que pendant qu'ils y seroient, aucune loi permanente ne pouvoit être proposée. M. le Résident de France en a rendu compte au mois de Septembre à M. Le Brun, & sans doute il ne se l'est pas rappelé. Mais si cela n'étoit pas fait, si les Genevois ne s'étoient pas liés eux-mêmes, & qu'ils voulussent effectivement faire une augmentation à leur propre garnison, après le décret du 14 Octobre, quel droit avez-vous de vous y opposer (4)? La France ayant retiré sa garantie, peut-elle se mêler des actes de législation intérieure de Genève? Il faut être conséquent, & sur-tout être franc. Si la France ne veut pas se contenter de laisser agir l'esprit public, & l'influence assurée du voisinage français, si l'impatience est telle qu'on veuille faire en quinze jours, par des moyens violens, ce qui s'effectuera tout seul en trois ou quatre mois de tems, il faut oser le dire, & déclarer à Genève que nous voulons changer sa Constitution. Mais vous ne le pouvez pas décemment,

―――――――――――――――――――――――――――
(4) Le même droit que les Suisses d'influer en sens contraire.

au lieu que vous pouvez très-bien calculer, à trois mois près, la durée de l'aristocratie actuelle ; & si vous étouffez par une réconciliation réelle l'influence de Berne, vous pouvez faire d'avance l'épitaphe des Magnifiques sans encourir aucun reproche : car en supposant même l'augmentation de la garnison, que peuvent faire deux cent quatre-vingt hommes de plus ou de moins, de soldats qui, habitant Genève, ne seront pas long-tems de bons soldats ?

Vous me dites que le Conseil Exécutif n'a pu approuver le renvoi de l'artillerie de siège en France, & que ce renvoi va sans dire, si je n'en ai pas besoin ailleurs que pour Genève.

J'avoue qu'ici je ne vous comprends pas. Vous approuvez mon préambule ; vous voilà donc engagé à approuver ce qui en dérive nécessairement. Or, dès que j'ai dit que la France dédaigne l'autorité de la puissance contre la foiblesse, j'ai dû dans la stipulation traiter de peuple à peuple, sans égard aux proportions de forces. Ainsi lorsqu'à ma demande, l'un dit, je renvoie les Suisses qui vous déplaisent, l'autre doit dire, je renvoie les canons & les troupes qui vous menacent. Il y a plus, & ceci est du ressort du Ministre de la guerre, à qui il est aisé de s'assurer du fait. Jamais aucun équipage de siège n'a été préparé pour cette armée ; & je n'ai d'autres chevaux pour traîner des mortiers & des pièces de siège que ceux qui sont attelés à mon artillerie de campagne. Il faut donc que quand j'attèle l'une, que l'autre reste dételée : ainsi le renvoi est forcé, par le fait, le plutôt possible, afin de n'être pas dans la nécessité de laisser en arrière ou l'une ou l'autre. Cela étant, pourquoi ne se pas faire un mérite de ce qui n'est que loyal, & de ce qui effectivement eſt forcé ? J'eſpère que nous ne faiſons pas de ce mot juſtice une acception différente. Je confeſſe que je n'en connois pas deux. Ce qui feroit juſte avec l'Impératrice de Ruſſie ou avec le Parlement d'Angleterre, me paroît l'être avec le Conſeil de Genève. La retraite des troupes me ſemble donc dans le même cas que celle de la groſſe artillerie. Quand on nous a cédé ce que nous voulons, pourquoi voudrions-nous tenir encore le piſtolet ſur la gorge ? Genève doit avoir peur tant que nous ſerons-là ; & nous n'avons plus de motifs pour lui faire peur. Quant à la diſtance de dix lieues, je vois que vous l'avez mal-compriſe : elle ne porte que ſur le corps d'armée ; car il reſte des troupes à Carouge, à Thonon, à Evian, à Verſoix, à Gex ; & ſi les gros cantonnemens ne commencent qu'à Annecy & à Rumilly, c'eſt qu'il n'y a pas de lieu plus près qui ſoit en état de contenir des troupes. Vous voyez que les choſes, réduites au ſimple, ne vous auroient pas préſenté les mêmes difficultés. M. Le Brun me ſemble deſirer une autre rédaction ; je vais la propoſer, & ce n'eſt pas celle-là qui me paroît devoir faire une grande difficulté.

Ce qui en peut faire une inſoluble, c'eſt le retranchement de la réſerve des traités. Celle-là eſt de forme dans tous les traités du monde, & c'eſt Genève ſeule qui fait la réſerve en queſtion. Je vais entamer la négociation ſur cet article ; mais je l'entame ſans eſpoir de ſuccès. Rien ne les engagera à ne pas réſerver leurs traités de 1579 & de 1584. Quant à l'article V du traité de 1782, c'eſt le même qu'a réſervé la Convention Nationale. Si vous ne vous déſiſtez pas de cette radiation, je regarde la convention comme rompue, & *dès-lors la guerre comme* sûre *avec les Suisses* (5). Jugez si cela vaut la peine de sacrifier de si grands intérêts.

Je vois bien que vous ne vous fiez pas aux Suisses, & que leurs mauvaises intentions vous paroissent prouvées par la pièce que vous m'avez envoyée. Mais, remarquez donc que cette pièce est du 20 Septembre, avant aucun de nos succès, & sur-tout avant le changement de système de la Prusse ; remarquez qu'elle vient d'un homme qui vouloit faire sa cour à son maître (6). Vous sentez aisément que le système a fort bien pu changer à Berne depuis ce tems-là, & vous n'avez pas oublié, j'espère, qu'un résultat du Conseil du 19 me charge de faire aux Cantons des notifications très-amicales ; notifications que j'ai déjà faites d'après les ordres que j'ai reçus, & qu'il est impossible de retirer. L'accommodement de Genève, cette manière loyale de traiter, la confiance qui en est la suite ; voilà, ce me semble, les meilleurs préliminaires d'une réconciliation, que, suivant les dépêches du 20 vous desiriez beaucoup, & dont vous avez l'air de ne plus vous soucier le 26. Accordez-moi donc de me mettre dans le cas de savoir sur quoi compter. On perd tout en affaires lorsqu'on est forcé de changer de langage & de principes. Dans la négociation que je croyois termi-

---

(5) Rien de ce que Montesquiou vouloit ne s'est fait, & cependant nous sommes en paix avec les Suisses ; c'est que la paix leur convient autant qu'à nous.

(6) Il y avoit donc lieu à se défier des Bernois. Celui d'entr'eux qui vouloit faire la cour à SON MAITRE avoit un grand crédit. Qu'est-ce qui a changé les dispositions ? Nos victoires. Je crois en effet que nous n'aurons jamais de meilleurs négociateurs.

née, dès le premier compte que j'ai rendu à M. Le Brun, je lui avois présenté pour bases. 1°. La retraite des Suisses. 2°. La retraite de l'armée. Ai-je stipulé autre chose ? & cependant vous ne m'approuvez pas. J'en cherche la raison, & je crois la trouver dans votre lettre.

On vous a écrit de Genève ou de ses environs que je m'étois fié au *doucereux* ***, à *l'aristocrate* ***, & au *fourbe* ***. Je ne leur conteste aucune qualité; mais je ne les ai jamais vus qu'en conférence, & je vous assure qu'ils n'ont pas pris un seul avantage sur moi dans la discussion.

On vous a écrit que je n'avois vu que les Aristocrates & pas un Patriote. Je vous réponds que j'ai vu tous ceux qui ont voulu me voir, & que cela s'est réduit à M. Mallet, à M. Odier & à M. Dôle, tous vos amis. Quant aux Aristocrates, je n'en ai pas vu un seul que M. D***, qui m'a quitté fort mécontent la seule fois qu'il m'est venu voir.

Il est funeste d'être si mal connu, même de ceux de qui on devroit l'être, & de voir toujours toutes les portes ouvertes à la calomnie & fermées à la vérité. Vous me dites que je suis perdu si je ne me mets pas à l'ordre du jour; je ne sais pas ce que cela veut dire dans le cas dont il s'agit entre nous. Je suis à l'ordre des instructions qui m'ont été données, je les ai suivies à la lettre. J'ai cru aussi être à l'ordre de la justice & de la raison, qui, pour moi, seront éternellement l'ordre du jour.

Parmi les gens qui vous ont écrit ou fait écrire, & qui se plaignent de moi, n'y auroit-il pas de ces gens qui avoient couru de tente en tente pour aiguiser dans l'esprit des soldats le désir & l'espoir de piller Genève?

Ils avoient monté les têtes au point que, si l'expédition avoit eu lieu, Genève auroit été mise à feu & à sang, & que les Patriotes n'y auroient pas été mieux traités que les Aristocrates. *Ce n'est assurément pas là ce que vous vouliez.* Eh bien! voilà ce que vouloient les prétendus Patriotes, & ce qu'aucune Puissance n'auroit pu empêcher. Voilà les gens qui disent que je n'ai voulu écouter que les Aristocrates, moi qui suis visible depuis six heures du matin à tout le monde, sans distinction, & dont la porte, depuis six mois, n'a pas été refusée au dernier soldat ni au dernier paysan. La vérité est qu'aucun d'eux n'a cherché à me voir, & qu'à quelques Lettres anonymes près que j'ai reçues des deux Partis, je n'ai eu de communication qu'avec les personnes que je vous ai nommées. Quant aux Aristocrates, ce n'est pas pour moi qu'ils sont à craindre; je suis trop connu d'eux, & je les méprise trop pour qu'il y ait jamais de rapport entre nous.

Pour conclure, mon cher Clavière, je persiste à penser : 1°. Que la convention est bonne pour les clauses principales, en ce qu'elle va droit au but, le renvoi des Suisses, & qu'elle porte un caractère de modération honorable pour une grande Puissance. 2°. Que Genève ne consentira pas à la suppression de la réserve de ses Traités antérieurs, mais que cette réserve ne lie aucunement la France. 3°. Que la révolution de Genève ne se fera pas moins, & se fera plus doucement après le départ des Suisses, sur-tout si quelque séjour de moi à Genève, quelques fêtes, & par-là une plus grande communication de Français y répand davantage nos principes & notre influence. 4°. Que cette convention est un préliminaire très-favorable à la négociation dont on a voulu me charger avec les Suisses. Je vous conjure donc de l'examiner encore & de la ratifier.

Je ne vais pas moins m'occuper des amendemens que vous y desirez; mais je ne me flatte pas de les obtenir; &, si vous y persistez, nous voilà retombés dans les boues du mois de Novembre, dans tous les inconvéniens de notre première position, & dans toutes les perplexités où vous étiez vous-même il y a quinze jours.

Adieu, mon cher Clavière; je souhaite que cette explication vous raffermisse dans la bonne opinion que vous aviez de moi. Si j'avois pu vous porter ce que je vous ai envoyé, l'affaire seroit finie; mais de loin on ne s'entend pas. J'aime votre *franchise*; *excusez la mienne, & comptez sur mon attachement.*

www.ingramcontent.com/pod-product-compliance
Lightning Source LLC
Chambersburg PA
CBHW060725050426
42451CB00010B/1637